AF124761

Martin Orack

Neiiin nicht zu Mama

Band 6 Beliebigkeit der Auslegung

Herstellung und Verlag:

BoD – Books on Demand, Norderstedt

ISBN 9783738615258

Martin Orack

Neiiiin nicht zu Mama

Band 6

Beliebigkeit der Auslegung

Hier geht es um spöttisch gemeinte „Handlungsanweisungen" für Jugendämter, Polizei, DKSB, Psychologen, Sozialpädagogen, Anwälte und Richter, wie sie Aussagen, Handlungen und Situationen bewerten sollten, damit sich ihre vorab gefasste Meinung „objektiv" bestätigt, oder auf jeden Fall zum Nachteil eines Elternteils (im allgemeinen des Vaters) ist, und wie das Wohl des Kindes am besten mit Füßen getreten werden kann. Zunächst eine Bemerkung zur „Entschuldigung" der genannten Personen, die aber den Betroffenen nicht wirklich hilft, nur die ausweglose Lage erklärt.

„Der erste Eindruck zählt" gilt immer und überall. Jeder setzt immer und überall seine Erfahrungen und Methoden nur dazu ein, seinen ersten Eindruck mit Nachdruck zu bestätigen, nicht ihn zu erschüttern. Notfalls fälscht er seine Erinnerungen oder seine Beobachtungen.

Leider wird überall so gehandelt, ob im Alltag, bei der Partnerwahl, in der Medizin, in der Psychologie, bei der Polizei, der Ausbildung. Es wird immer nur versucht, Verdacht oder Vermutung zu bestätigen, niemals aber, sie zu entkräften. Gerade hierzu könnten aber Erfahrungen beitragen, wenn man sich dessen bewusst wird und sie verwendet.

Erfahrungen bewahren niemanden vor Irrtümern, sie helfen nur, Fehler schneller zu erkennen.

Die Erfahrung hilft bei der Analyse von Vorgängen, dem nachträglichen Erkennen von Fehlern, aber sie bewahrt nicht vor vergleichbaren ähnlichen Fehlern, denn im Einzelfall, im Moment der Entscheidung, wird die bewusste Erfahrung oft nicht berücksichtigt, erfolgt eine Entscheidung „aus dem Bauch".

Was machen Kinderpsychologen oder Sozialpädagogen oder auch Familienrichter aus der Titel-Situation „Nein – nicht zu Mama"?

Es wird kein Versuch unternommen, die Wahrheit zu erforschen, es wird immer nach subjektiven Kriterien entschieden.

Es wird nicht akzeptiert, dass das Kind eine eigene Meinung hat, haben Kinder in dem Alter angeblich nicht! Sie sind immer beeinflusst, können angeblich noch nicht selbstständig denken und entscheiden!

So ein Unsinn. Wenn dem so wäre, gäbe es ja kein bockiges Alter, würden die Kinder ja alles tun, was man sagt. Hat das schon mal jemand erlebt? Kinderpsychologen glauben das, glauben was sie sagen, selbst im Anblick des Gegenteils.

Es wird dem Vater immer Schlechtes (keine Rücksicht auf das Kind), der Mutter immer Gutes (Rücksicht auf das Kind) unterstellt.

Alleinerziehende Mütter werden sich kaum dagegen wehren, denn meistens ist es ja zu ihrem „Vorteil", sie bekommen Sorgerecht und Unterhalt.

Aber Väter werden sich immer wieder aus Sorge um ihre Kinder dagegen auflehnen, darum kämpfen, dass die Gesetze zum Wohle des Kindes auch für sie angewendet werden.

Es ist erschreckend, dass Psychologen und Richter nicht einmal die Umstände berücksichtigen, wenn der Streit um die Erziehung des Kindes der Grund für die Trennung der Eltern ist. Gerade dann müsste doch darüber befunden werden, wo das Kind die bessere Umgebung vorfindet. Es ist doch verheerend, wenn die erziehungsunfähige Mutter mit dem Kind auszieht, das Kind vom Vater mit seinen guten, mildernden Einflüssen trennt und so die unzumutbare Situation für das Kind festschreibt, und der Vater keine Chance hat, sein Kind von der Mutter zu trennen. Diese Möglichkeit wird eingeschränkt auf Gefahr von Missbrauch, für Leben und Vermögen.

Im folgenden nun einige Beispiele, wie ein und derselbe Vorgang völlig gegensätzlich gewertet werden kann, je nachdem, für welchen Elternteil entschieden werden soll. In Anlehnung an den Fall, den dieses Buch behandelt wird hier immer so formuliert, dass zu Ungunsten des Vaters und zu Gunsten der Mutter interpretiert wird. In einer Verallgemeinerung, um diese Vorlagen in anderen Fällen auch gegen eine Mutter verwenden zu können, könnte auch jeweils nur „ der eine Elternteil, der andere Elternteil" formuliert werden.
Probieren Sie dieses Spiel der Interpretation doch selbst in Anlehnung an diese Beispiele. Sie werden sehen, für jede Aussage, jede Situation können sie einander widersprechende Interpretationen finden. Die Gutachten eines Psychologen können deshalb niemals nachvollziehbar objektiv sein.

Beispiel 1
Das Kind schreit, wenn es zur Mutter soll, und weint herzzerreißend, klammert an Vater und Großvater, schreit „nicht Mama, Papa nicht arbeiten, Mama schlagen, Oma fahren".
Das Kind rennt Vater oder Opa jubelnd entgegen.
Die daraus abgeleitete Aussage, das Kind wolle nicht zur Mutter, wird abgewiesen mit:
Der Vater rede offensichtlich vor dem Kind schlecht über die Mutter, macht dem Kind Angst vor der Mutter, schädigt die Psyche des Kindes. Das Kind hat bei ihm keine Regeln und wird mit Süßigkeiten verwöhnt.

Also bekommt die Mutter das Sorgerecht, mindestens das Aufenthaltsbestimmungsrecht.

Im umgekehrten Fall würde unterstellt, dass der Vater das Kind misshandelt, es deshalb nicht zu ihm will, es sich aber offensichtlich bei der Mutter geborgen und wohl fühle.

Also bekommt die Mutter das Aufenthaltsbestimmungsrecht.

Ohne Rücksicht auf das Wohl des Kindes wird immer gegen den Vater entschieden.

Beispiel 2

Ein Grundsatz, dem offenbar alles untergeordnet wird ist „bei der Mutter ist ein Kind am besten aufgehoben".

Alles was dagegen spricht muss entkräftet werden.

Gegen diesen Grundsatz wird bestenfalls gehandelt, wenn die Mutter (schwer) Drogen abhängig ist.

Beim Vater kann es aus Prinzip nicht besser sein für das Kind als bei der Mutter.

Wenn es aber keinen Unterschied gibt, dann wird für die Mutter entschieden, weil es die Mutter ist, ohne auf das Wohl und den Willen des Kindes zu achten.

Beispiel 3

Natürlich darf ein Partner wegziehen, wenn die Ehe nicht klappt, darf aber eigentlich nicht allein entscheiden, die Kinder mitzunehmen. Die Eltern sollen sich zu dem Zeitpunkt bereits einvernehmlich einigen (gemeinsam beim Jugendamt).

Aber das steht eben nur auf dem Papier und ist nicht durchsetzbar. Auch das Familiengericht hat nur den Auftrag, Einvernehmlichkeit herzustellen.

Die Mutter darf nach dem Gesetz zwar nicht allein bestimmen, aber das Gesetz sieht ausschließlich Einver-

nehmlichkeit zwischen den Elternteilen vor, und man kann einvernehmliche Absprache nicht erzwingen.
Also ist und bleibt alles so, wie es die Mutter einseitig vollzieht.
Im umgekehrten Fall würden Jugendamt und Familiengericht sicher aktiv, die Wünsche der Mutter richterlich zu unterstützen und die Weigerung des Vaters zugunsten der Mutter gerichtlich zu ersetzen.

Beispiel 4
Wenn die Mutter rechtswidrig mit dem Kind vom bisherigen Lebensmittelpunkt wegzieht, so wird das so hingenommen, „ist nicht zu ändern", eine unumkehrbare vollendete Tatsache.
Zieht dagegen der Vater mit dem Kind weg, wird alles unternommen es zur Mutter und seinem Lebensmittelpunkt zurückzubringen.
Der Vater findet nirgends Unterstützung („die Mutter wird schon ihre Gründe gehabt haben!"), die Mutter findet dagegen überall Unterstützung, weil ihr (der Mutter!) das Kind entzogen und damit dem Kind geschadet wurde.

Beispiel 5
Ein Familiengericht betrachtet nur, was nach dem Wegzug war, es spielt keine Rolle, wie die Situation vor dem Auszug war. Wenn die Mutter mit dem Kind wegzieht und nicht mehr arbeitet, dann muss der Vater durch Arbeit Einkommen erwirtschaften und Unterhalt für das Kind zahlen, selbst dann, wenn vorher vorwiegend die Mutter Erwerbsarbeit geleistet und der Vater das Kind betreut hat. Denn jetzt ist das Kind bei der Mutter und wird von ihr betreut, nur das zählt, damit hat sie die Klischee Situation geschaffen.

Wäre der Vater ausgezogen, hätte entsprechendes niemand von der Mutter gefordert, selbst wenn sie das höhere Einkommen hätte. Dem Vater wird es als Schutzbehauptung unterstellt, um keinen Unterhalt zahlen zu müssen.

Beispiel 6
Für die Mutter wird angenommen, dass sie sich um die Betreuung des Kindes bemüht, weil es ihr nur um das Wohl des Kindes geht.
Dem Vater wird unterstellt, dass er das Kind nur bei sich haben will, um den Unterhalt zu sparen.
Es könnte doch auch umgekehrt sein, man könnte doch genauso auch unterstellen, dass die Mutter das Kind notgedrungen nur betreuen will, um Unterhalt zu bekommen, und es dem Vater in erster Linie um das Wohl des Kindes geht.

Beispiel 7
Eigentlich muss die Kindergarten-Anmeldung einvernehmlich erfolgen, aber wenn der Kindergarten keinen Nachweis darüber verlangt, kann die Mutter das Kind woanders anmelden, damit wird eine bisherige einvernehmliche Anmeldung ohne Zustimmung des Vaters hinfällig.
Dem Vater würde eine solche einseitige Handlung nicht gelingen, von ihm würde immer die schriftliche Zustimmung der Mutter verlangt.
Nach wie vor gehen alle Institutionen davon aus, dass ein Kind bei der Mutter lebt und die bestimmt.
Niemand hält es für notwendig, Sorge- oder Aufenthaltsbestimmungsrecht der Mutter zu überprüfen, aber der Vater muss es nachweisen.

Beispiel 8

Die Aussage des Vaters, dass er viel mit seinem Kind zusammen sein will, es erleben und ins Leben begleiten will, es selbst versorgen oder bestenfalls die Großeltern einbeziehen will und er das dem Abliefern in der Kita vorzieht, wird ihm angelastet. Er würde das Kind damit von sozialen Kontakten ausschließen.

Die Abschiebung des Kindes in die Kita und zur Tagesmutter wird der Mutter entsprechend positiv zugerechnet als Förderung der sozialen Kontakte.

Würde die Mutter allerdings das Kind allein versorgen, ohne Tagesmutter und wenig Kita-Aufenthalt, dann würde ihr das hoch angerechnet werden als Aufopferung für das Kind, niemand würde ihr die Verhinderung sozialer Kontakte vorwerfen.

Beispiel 9

Es ist rechtswidrig, wenn es auch 2 Monate nach dem Auszug noch keine offizielle Anschrift von Mutter und Kind gibt, der Vater also nicht weiß, wo sich das Kind aufhält, obwohl die Eltern volles gemeinsames Sorgerecht haben.

Aber es gibt keine erzwingenden Ordnungsmaßnahmen und der Vater hat offenbar kein durchsetzbares Recht, diese Daten zu erfahren. Seine Sorge um das Kind wird von Behörden nicht ernst genommen.

Umgekehrt würden Behörden mit polizeilicher Unterstützung den Aufenthalt von Vater und Kind feststellen und der Mutter mitteilen. Sie würden es allein schon deshalb feststellen, weil sie das Kind zur Mutter zurück bringen wollen.

Beispiel 10
Versucht die Mutter das Aufenthaltsbestimmungsrecht gerichtlich für sich durchzusetzen, dann wird ihr das positiv angerechnet, sie hat Sorge um das Wohl des Kindes. Sie wird Erfolg haben, obwohl der Vater um Ausgleich bemüht war.
Wenn dagegen der Vater das Aufenthaltsbestimmungsrecht gerichtlich für sich zu reklamieren sucht, hat er schon verloren.
Er hat die Streitsituation, auch zuungunsten des Kindeswohls damit verstärkt/verhärtet, statt sich um eine einvernehmliche Regelung zu bemühen. Darum bekommt eher die Mutter das Aufenthaltsbestimmungsrecht auch in diesem Fall.

Beispiel 11
Die Sorge um das Erziehungsverhalten der Mutter sollte der Vater nicht erwähnen, denn Richter werten das nur als Meinungsverschiedenheit zu Lasten des Kindes, wenn er das vorbringt, hat er schon verloren.
Wenn dagegen die Mutter Sorgen um die Erziehungsfähigkeit des Vaters vorbringt, äußert sie nur eine Selbstverständlichkeit, sie wird unterstützt, denn es geht ihr natürlich nur um das Wohl des Kindes.
Der Vater hat so oder so das Nachsehen.

Beispiel 12
Die Sprachentwicklung von Kindern kann zu gravierende Fehlbeurteilungen führen.
Beispiel für einen Dreijährigen: die Satzentwicklung.
1. Stufe Einwortsätze (Prädikat): laufen, trinken
2. Stufe Zweiwortsätze (Subjekt – Prädikat): Tim laufen, Opa trinken
3. Stufe Dreiwortsätze (Objekt – Subjekt – Prädikat):

Garten Tim laufen (Tim läuft in den Garten)
Saft Opa trinken (Opa trinkt den Saft)
Arm Tim hoch (Tim will auf den Arm)

Niemand würde auf die Idee kommen, dass auf Grund der Satzstellung der Garten zu Tim laufen soll, der Saft den Opa trinken soll, der Arm auf Tim hoch will.

Wenn nun das Kind sagt „Tim Mama schlagen" und „Papa Tim schlagen", dann bedeutet das eben nicht, dass Papa den Tim schlägt oder Tim die Mama schlägt, sondern im Gegenteil, dass Mama den Tim schlägt und Tim den Papa schlägt.

Wenn dieser Stand der Sprachentwicklung nicht beachtet wird, dann hat das eine Fehleinschätzung des Erziehungsverhaltens des Vaters zur Folge, obwohl das Kind eine Aussage gegen die Mutter macht.

Da nützen auch Gesprächsprotokolle nichts, denn der Protokollant kann ja aufschreiben, was er denkt zu hören, nicht was er hört. Außerdem kann man die falsche Satzstellung nur aus dem Zusammenhang als Zuhörer begreifen oder erahnen.

Würde die Mutter Anträge gegen den Vater stellen, würden solche Fehlinterpretationen gar nicht erst aufkommen, denn der Psychologe würde seine „Beobachtung" und sein Gutachten darauf beschränken, dass es gut ist, wenn das Kind bei der Mutter ist.

Das „Unverständnis" der kindlichen Aussage wird in jedem Fall zugunsten der Mutter und zuungunsten des Vaters ausgelegt.

Beispiel 13

Holt sich das Kind eine Verbrühung durch eine umgestoßene Kaffeetasse oder eine Platzwunde durch einen Sturz auf dem Spielplatz, dann sind das bei der Mutter alltägliche Zwischenfälle, die bei einem kleinen Kind nicht zu verhindern sind.

Das ist kein Grund, dem Vater das Aufenthaltsbestimmungsrecht zuzusprechen.

Umgekehrt wäre die Beurteilung beim Vater, dass er offensichtlich mit der Betreuung des Kindes überfordert ist.

Das Aufenthaltsbestimmungsrecht würde umgehend der Mutter zugesprochen werden.

Beispiel 14
Eine ständige Erkältung des Kindes bedeutet bei der Mutter, dass das im Winter normal ist bei einem Kindergartenkind.

Beim Vater führt das zur Schlussfolgerung, dass er das Kind nicht ausreichend angezogen hat, es schlecht versorgt.

Beispiel 15
Erklärt die Mutter einen durch ihre Schläge erzeugten blauen Fleck als selbst beim Ausholen mit Spielzeug zugezogen, wird das geglaubt.

Beim Vater würde sofort unterstellt, dass er das Kind geschlagen hat, obwohl die Mutter nach eigener Aussage der schlagende Elternteil ist.

Der Verfahrensbeistand bezeichnet von der Mutter ausgeteilte Schläge als unterschiedlichen Erziehungsstil und verharmlost das als seltene Klapse.

Obwohl Schläge bei Kindern gesetzlich verboten sind, bekommt die Mutter sogar den ausdrücklichen Freibrief des Gerichts, dass sie „Klapse" anwenden darf, wenn sie sich anders nicht mehr zu helfen weiß. Das ist unglaublich, das ist eine Aufforderung zur Rechtswidrigkeit durch das Gericht.

Dem Vater hätte man das niemals zugebilligt, es wäre ein Ausschlusskriterium für den Aufenthalt des Kindes bei ihm gewesen.

Alle behaupten, es könne nicht sein, dass das Wohl des Kindes beim Vater besser gewährt ist als bei der Mutter und bei der Mutter schlechter gewährt ist als beim Vater.

Beispiel 16

Wenn das Kind gern zu Oma und Opa (väterlicherseits) will, wird das interpretiert als die innere Ferne zwischen Vater und Kind, der Opa sei für das Kind Vaterersatz, und der Vater sei abhängig vom Großvater. Offenbar sei das Kind häufiger bei den Großeltern als beim Vater.

Es wird von Psychologen und Richtern bestritten, dass seine Sehnsucht nach den Großeltern so groß ist, weil die Mutter den Aufenthalt bei ihnen nach der Trennung drastisch eingeschränkt hat.

Hat aber das Kind eine gute Beziehung zur Oma mütterlicherseits wird das interpretiert als die innere Nähe zwischen Mutter und Kind, die sich auf die Oma (Mutter der Mutter) überträgt. In einem solchen Familiezusammenhalt würde sich das Kind natürlich besonders wohl fühlen.

Bei der Mutter muss und darf gelten, ist gut, was beim Vater schlecht ist.

Beispiel 17

Weiter wurde behauptet, dass das Kind unter dem Wechselmodell leidet, weil es bei der Übergabe an die Mutter weint, schreit und sich wehrt.

Damit das aufhört, müsse es zur Mutter, weil es dann die für das Kind belastenden Übergaben an die Mutter nicht mehr gäbe!

Eine abstruse Logik, die noch mit dem Argument verstärkt wird, dass das Kind damit aus der verwöhnenden Umgebung beim Vater herauskommt und sich an ein normales Leben bei der Mutter gewöhnt, gehärtet wird für sein eigenes Leben (obwohl es neue Untersuchungen gibt, dass Strenge zur Gewalt führt).

Alle behaupten „ein Kind ist bei der Mutter am besten aufgehoben". Es werden keine Gründe genannt, warum man den Belastungswechsel nicht auch dadurch beenden könnte, dass das Kind nur noch beim Vater lebt. Das scheint ein absurder, mindestens unüblicher Gedanke zu sein und wird überhaupt nicht erörtert.

Leider wird gerade den Vätern immer wieder vorgeworfen, sie würden das Kind durch den ständigen Wechsel des Aufenthalts und eine nicht vollzogene Entscheidung schaden, sie sollten doch einfach nachgeben, das Kind der Mutter überlassen und gut. Dann wäre Ruhe und sei zum Wohl des Kindes, das dann keinen Wechsel mehr ertragen müsste.

Warum verlangt man eine solche Haltung nicht von den Müttern? Warum erhebt niemand die Forderung, das Kind dem Vater zu überlassen und gut?

Wenn es keinen begründbaren Unterschied für den richtigen Aufenthalt des Kindes gibt, wird ohne Begründung entschieden, dass das Kind seinen überwiegenden Aufenthalt bei der Mutter nehmen soll.

Wenn es keinen Unterschied gibt, warum dann nicht beim Vater?

Niemand erwägt, macht oder unterstützt den Vorschlag „nur zum Vater", auch nicht, wenn das Kind bei der Mutter körperlichen und psychischen Schaden nimmt.

Der Mutter könnte doch in gleicher Weise Sturheit vorgeworfen werden.

Beispiel 18

Negative Aussagen des Vaters über die Beziehung der Mutter zum Kind werden gegen den Vater verwendet. Es müsse an seinem für das Kind belastenden Umgang mit dem Kind liegen, dass das Kind alle 14 Tage fröhlich und ausgelassen von der Mutter zu ihm kommt, aber sich mit Schreien und Weinen und Klammern, Händen und Füßen dagegen wehrt, wenn die Mutter es abholt.

Alle sind Fürsprecher der Mutter (natürliche tiefe Beziehung zum Kind), es kann nicht sein, was der Vater behauptet, es kann nicht sein, dass das Kind eine tiefere Beziehung zu ihm hat als zur Mutter. Das kann nur eine konstruierte Lüge gegen die Mutter sein.

Eine tragische Situation, das Kind leidet bei der und durch die Mutter, nimmt mindestens psychischen Schaden durch Bestrafung und vielleicht auch körperlichen durch Schläge, aber der Vater kann nichts dagegen unternehmen. Er würde mit jeder Aussage das Wechselmodell gefährden und alle beteiligten Stellen würden das Kind der Mutter zusprechen.

Das Kind hat nur eine Chance, zum Vater zu kommen, wenn die Behandlung durch die Mutter nachweislich lebensbedrohend wird, deshalb sind ("überraschende"!!) Körperverletzungen und Tötungsdelikte durch Mütter so unabwendbar.

Beispiel 19

Wenn der Vater vermittelnde Vorschläge über den Aufenthalt des Kindes macht, zum Beispiel Wechselmodelle, dann ginge es ihm gar nicht darum, dass Kind zu haben, dann würde er ja 100% Aufenthalt bei sich fordern. Also sind seine Vorstellungen unklar, es geht ihm nur um Streit.

Wenn die Mutter vermittelnde Vorschläge über den Aufenthalt des Kindes macht, dann ist sie auf einvernehmliche gütliche Einigung zum Wohle des Kindes aus.
Wenn sie den vollen Aufenthalt des Kindes bei sich fordert, dann ist das nur aus Sorge um das Kind.

Beispiel 20
Als die Mutter aus dem Urlaub mit dem Kind wie vereinbart den Vater anruft weint es am Telefon und im Hintergrund „ jetzt wieder zu Papa - Papa abholen". Die Mutter erwidert sofort erklärend „er weint, weil er bald wieder zu Papa muss". Eine unglaubliche Verdrängung der Gefühle und Wünsche des Kindes und der Versuch einer Erklärung wegen väterlicher Schuld.
Richter und Psychologen würden der Interpretation der Mutter sofort folgen.
Würde aber das Kind umgekehrt aus einem Urlaub mit dem Vater bei einem Anruf bei der Mutter sich so verhalten, würden alle sofort erklären, dass sich das Kind offensichtlich nicht wohlfühlt beim Vater.
Eine Interpretation gegen die Mutter wird dagegen total ausgeblendet, weil nicht sein kann, was nicht sein darf.
Zugunsten der Mutter wäre es eine Willensäußerung des Kindes, zuungunsten des Vaters ist das Kind allerdings zu klein, um einen eigenen Willen zu haben.

Beispiel 21
Wenn überhaupt angesprochen wird, welche Umgebung am besten für das Kind wäre, dann werden nur Argumente für das Leben bei der Mutter betrachtet.
Bei völlig gleichen Gegebenheiten sprechen angeblich die gleichen Tatsachen entweder für die Mutter oder gegen den Vater.

Natürlich darf es dabei nicht nur um die finanziellen Möglichkeiten gehen. Aber Armut allein ist auch kein Argument für den dauerhaften Aufenthalt des Kindes, insbesondere wenn die Umgebung und die Bildungsferne zur Armut führen und damit eine Abwärtskarriere des Kindes vorprogrammiert wird.

Ist die ungünstige Umgebung bei der Mutter, dann kann sie sich angeblich ja mehr um das Kind kümmern und der Vater mit seinem guten Job alles finanzieren.

Ist die ungünstige Umgebung beim Vater, dann ist das dem Kind nicht zumutbar und es kommt zur gutsituierten Mutter, die auf den nicht zu erwartenden Unterhalt des Vaters nicht angewiesen ist. Es wird immer nur erwartet, dass Unterhalt vom Vater gezahlt wird, aber nicht von der Mutter.

Beispiel 22

Der Mutter werden von Jugendamt-Psychologen, einer Sozialpädagogin und einer Gutachterin starke Defizite in der Erziehungsfähigkeit bescheinigt und eine Erziehungstherapie dringend empfohlen. Gleichzeitig wird der Aufenthalt des Kindes bei der Mutter empfohlen, damit die, begleitet von einer Therapie, ihre verbesserte Erziehungsfähigkeit gleich testen kann. Das Kind wird also zum Übungsobjekt gemacht?

Obwohl gleiches nicht für den Vater ausgesagt wird, ihm sogar Erziehungsfähigkeit testiert wird, soll das Kind, unbegründet und nicht nachvollziehbar zur Mutter.

Wieso kommt niemand auf die Idee, die Chance für das Kind zu nutzen, dass es nicht auf die erziehungsunfähige Mutter angewiesen ist, weil der Vater Erziehungsfähigkeiten hat?

Der Mutter wird positiv angerechnet, dass sie eine Erziehungstherapie machen muss.

Dass der Vater keine braucht, scheint ohne Bedeutung für das Wohl des Kindes.

Wenn für einen Elternteil eine Erziehungstherapie für notwendig erachtet wird, für den anderen aber nicht, sollte eigentlich klar sein, wo das Kind zu seinem Wohl Aufenthalt nehmen sollte.

Wäre dem Vater eine solche Therapie dringend empfohlen worden, wäre das sicher sofort als Begründung für den Aufenthalt des Kindes bei der Mutter herangezogen worden.

Wahrscheinlich wäre dem Vater nicht nur keine Therapie angeboten worden, sondern das Kind selbstverständlich der Mutter zugewiesen worden.

Für den Vater sind Defizite in der Erziehungsfähigkeit verbunden mit Aufenthaltsentzug, für die Mutter nicht.

Beispiel 23

Während der Vater den Tatsachen entsprechend schildert, dass das Kind sich immer wehrt, zur Mutter zu gehen, aber ihn jubelnd begrüßt bei den Übergaben, schildert die Mutter den gleichen Sachverhalt mit einer anderen, aber abstrusen Erklärung.

Es gäbe angeblich immer Krach beim Abholen beim Vater, weil der Vater streitsüchtig sei, das Kind würde darunter und unterm Wechselmodell leiden. Deshalb sollte es zu ihr, damit es weniger Übergaben gäbe. Dabei stimmt Letzteres sowieso nicht, da sich die Zahl der Übergaben dadurch nicht ändert, sondern nur der Takt.

Der konstruierten Erklärung der Mutter folgt das Gericht und bestimmt den Aufenthalt des Kindes bei der Mutter mit seltenem Umgang des Vaters. Das Gericht entscheidet also gegen die Willensäußerungen des Kindes mit der ergänzenden Begründung:

Wenn ein Kind gern zum Papa geht, dann erlebt es eben den Umgang als Urlaub, nicht als Alltag und ist deshalb unbelastet fröhlich.

Die Mutter dagegen trägt die Last der Erziehung auch mit den Schattenseiten.

Da Urlaub immer schöner ist als Alltag, signalisiert das Kind also Abwehr, zur Mutter zu gehen, und Fröhlichkeit, zum Vater zu gehen.

Eine solche Argumentation ist schon sehr fragwürdig, wenn das Kinder im Wechselmodell bei beiden abwechselnd in gleicher zeitlicher Größenordnung lebt.

Im umgekehrten Fall wäre das Kind auch der Mutter zugesprochen worden mit der Begründung, dass es offensichtlich unter dem Aufenthalt beim Vater leide und gar nicht zu ihm möchte.

Beispiel 24

Der Hautarzt stellt fest, dass die Pickel auf der Wange des Kindes, die nach dem Aufenthalt bei der Mutter sehr stark ausgeprägt und nach zwei Tagen beim Vater abgeheilt sind, Stresspickel seien. Es sei offensichtlich eine psychisch/physische Abwehr des Kindes gegen die Mutter. Wenn die Ursache (Aufenthalt bei der Mutter) nicht deutlich reduziert würde, könnten die Pickel unheilbar chronisch werden. Auf keinen Fall darf Fettcreme aufgetragen werden.

Unbeeindruckt trägt die Mutter täglich Fettcreme auf und erklärt, der Stress käme durch den ständigen Wechsel, deshalb müsse das Kind zu ihr.

Das Gericht folgt der Erklärung der Mutter. Der Hinweis, dass die Mutter im Gegensatz zum Vater ständig bestraft und schlägt wird als unterschiedlicher Erziehungsstil bezeichnet und ab gewunken.

Das Gericht hätte erst recht den Aufenthalt bei der Mutter empfohlen, wenn die Stresspickel während des Aufenthalts beim Vater aufgetreten wären, man hätte ihm zusätzlich körperliche und psychische Gewalt gegen das Kind, zumindest zu harte Erziehung unterstellt.

Beispiel 25
Das Kind plaudert bei der Mutter viel über Papa und Opa...sie weiß dadurch viel über die Umgebung beim Vater.
Wenn es bei der Mutter lebt, ist ihm also der andere Teil seiner Welt stets gegenwärtig.
Es plaudert aber über den Aufenthalt bei der Mutter nichts, blockiert wenn es gefragt wird.
Die Welt bei der Mutter scheint ausgeblendet, wenn es in der Welt des Vaters und der Großeltern lebt.
Die Interpretation zugunsten des Vaters wäre, dass es aus seinem erwünschten Leben (bei Papa und Opa) erzählt und den unerwünschten Aufenthalt bei der Mutter verdrängt.
Die Interpretation der Psychologen und Richter zugunsten der Mutter ist, dass es bei der Mutter das normale Leben erlebt, das ist nicht erzählenswert, und die Mutter das gedankliche Leben in der zweiten Welt beim Vater fördert, kein Verdrängen fordert.
Das angeblich nur erduldete Leben beim Vater müsse durch Erzählen verarbeitet werden.

Beispiel 26
Das Kind hat sehr viel Spielzeug zur Auswahl beim Vater und bei den Großeltern (angesammelt über Generationen).
Aber er ist damit keineswegs überladen, sondern spielt immer mit dem einen oder anderen ganz gezielt und ausdauernd.

Interpretation des Verfahrensbeistands: es ist verwöhnt und überfordert durch ein Überangebot, das einfache Leben mit karger Ausstattung bei der Mutter sei viel besser für die kreative Entwicklung des Kindes.

Umgekehrt würde es heißen, die Mutter gehe mit dem großen Angebot viel mehr auf die Entwicklung des Kindes ein, würde ihm viele Möglichkeiten bieten.

Deshalb ist also so oder so die bessere Förderung bei der Mutter gegeben.

Beispiel 27
Der Vater vermeidet, sich oder seine Umgebung gegenüber dem Kind als vorteilhaft darzustellen. Das würde ihm auch angelastet werden als versuchte Ausgrenzung und Schlechtmachen der Mutter.

Aber die Mutter und ihr neuer Lebenspartner versuchen jedes Mal, dem Kind den Wechsel zu ihnen schmackhaft zu machen mit dem Versprechen, dass es ja nur für ein paar Tage sei und es dann wieder zum Papa dürfe.

Die Mutter und ihr neuer Lebenspartner lügen dabei noch zusätzlich, wenn sie dem Kind sagen, es sei immer am Wochenende beim Papa, obwohl es im Umgangsmodell nur alle 14 Tage zum Papa darf.

Das wird aber keineswegs so interpretiert, dass die Mutter selbst nicht davon überzeugt ist, dass ihre Umgebung gut ist für das Kind, sondern es wird positiv gewertet als ihr aktiver Versuch, für das Kind die Familie und damit beide Umgebungen zusammenzuhalten.

Es ist also egal, ob der Vater sich so oder so verhält, die Interpretation richtet sich immer gegen ihn.

Beispiel 28
Schläge von Vätern gelten immer als Ausdruck von Jähzorn oder erzieherischem Unvermögen. Schläge von Müt-

tern gelten als wohlmeinende Erziehungsmaßnahme, jeder Mutter darf mal der Geduldsfaden reißen. Dieser traditionelle und gesellschaftlich gestützte Unterschied wird zwar vom Gesetz nicht (mehr) gemacht, trotzdem aber von den beteiligten Einrichtungen und Personen nach wie vor so gewertet.

Man könnte meinen, dass es direkt umsetzbar wäre, wenn ein Elternteil misshandelt und der andere Elternteil dem Kind mehr bieten kann für seine Entwicklungsmöglichkeiten. Mag sein, dass das angewendet wird, wenn der Vater der misshandelnde und die Mutter finanziell und bildungsmäßig die bessere Umgebung bietet.

Da genügt schon eine der beiden Voraussetzungen, um der Mutter das Aufenthaltsbestimmungsrecht zu übertragen, wenn sie es beantragt.

Wenn aber der Vater sogar beide Voraussetzungen erfüllt, wird ihm das Aufenthaltsbestimmungsrecht trotzdem nicht übertragen, und wenn es mit der „Ausrede" ist, er sei ja beruflich zu engagiert, um sich ausreichend um das Kind kümmern zu können. Der sonstige familiäre Hintergrund wie Großeltern oder andere Verwandte wird vom Jugendamt und Gericht nicht anerkannt, jedenfalls nicht zugunsten des Vaters und ohne Rücksicht auf das Wohl des Kindes.

Eine Berufstätigkeit der Mutter wird nicht negativ gewertet, wird höchstens von Mitleid wegen der Notwendigkeit begleitet. Familiärer Hintergrund (Mutter der Mutter oder Schwester der Mutter) wird immer positiv bewertet, immer betrachtet, ein Bezug zum Vater des Vaters wird als unerheblich für das Kind gewertet und als Unselbstständigkeit und Abhängigkeit des Vaters.

Beispiel 29
Vorwürfe der Mutter gegen den Vater werden kritiklos geglaubt, vor Gericht als „Aussagen" bezeichnet.
Vorwürfe des Vaters gegen die Mutter werden dem Vater als Schlechtmachen der Mutter, als Verstoß gegen das Wohl des Kindes angelastet, vor Gericht als „Behauptungen" bezeichnet. Auslegungen des entsprechenden Verhaltens von Mutter und Vater sind immer zum Nachteil des Vaters ohne Rücksicht auf das Wohl des Kindes.

Beispiel 30
Auch wenn immer betont wird, dass vorhandene soziale Bindungen des Kindes erhalten bleiben sollen, werden Umgebung (Orte, Bekannte), Verwandte, insbesondere Großeltern väterlicherseits dabei nicht gewertet, wenn die Mutter mit dem Kind wegzieht. Sofort ist das Argument da „bei der Mutter ist das Kind doch am besten aufgehoben, das ist seine wichtigste soziale Bindung".
Untersucht und belegt wird diese Behauptung nicht, schon gar nicht, ob der Wegzug vom Vater ein Herausreißen aus der gewohnten Umgebung gegen das Wohl des Kindes ist.
Bei der Mutter werden immer gute Gründe für ihren Auszug mit Kind angenommen, dem Vater wird immer böses, dazu veranlassendes Verhalten unterstellt.
Dem Vater würde im umgekehrten Fall das alles angelastet, der Wegzug als Entzug des Kindes von der Mutter und ihrer Familie gewertet.

Beispiel 31
Die Wohn- und Personenumgebung der Mutter spielen keine Rolle, kein Jugendamt und kein Familiengericht wird einen Vergleich zum Wohle des Kindes durchführen. Es wird ausdrücklich von Jugendämtern und Familiengerichten betont, dass es nicht darum geht, wo es dem Kind

besser geht, wo es alte Bezüge weiter pflegen und leben kann, sondern bestenfalls nur darum, ob es dem Kind gut (nicht miserabel schlecht) geht, also ob Lebens- oder Vermögensgefahr besteht oder nicht. Die andere Umgebung beim anderen Elternteil wird nicht verglichen.

Umgekehrt würde das Jugendamt aber die für das Kind „gewohnte" bisherige Umgebung bei der Mutter anschauen und auch ohne Besichtigung der neuen Umgebung beim Vater empfehlen, dass das Kind in der bisherigen Umgebung bei der Mutter leben sollte. „Bei der Mutter ist das Kind immer gut aufgehoben", insbesondere in der bisherigen Umgebung.

Beispiel 32

Der Mutter werden einseitige Handlungen bezüglich des Aufenthaltes des Kindes bei ihr zugestanden.

Dem Vater wird das selbst mit dem Kind an der Hand verweigert. Er muss einen Nachweis oder die zustimmende Unterschrift der Mutter beibringen.

Einseitige alleinige Handlungen der Mutter kann der Vater nicht rückgängig machen lassen ohne erneute Zustimmung der Mutter, obwohl die Ausführung einseitig und rechtswidrig war.

Allein bei dem Versuch wird ihm dann vorgeworfen, er verlasse den gesetzlich vorgeschriebenen Pfad der einvernehmlichen Einigung, zerrütte damit das Verhältnis gegen das Wohl des Kindes noch mehr.

Vollendete Tatsachen zu schaffen ist für die Mutter von Vorteil.

Rechtswidriges Verhalten des Vaters wird meistens sofort abgeblockt, wird rückgängig gemacht oder aber erst recht gegen ihn verwendet.

Vollendete Tatsachen zu schaffen ist für die Mutter immer von Vorteil, für den Vater auf jeden Fall von Nachteil.

Beispiel 33

Der rechtswidrig vollzogene Wegzug mit dem Kind führt sogar dazu, dass der neue Wohnort der Mutter unverzüglich als der derzeit überwiegende Aufenthaltsort des Kindes von allen beteiligten Stellen anerkannt wird. Das dortige Jugendamt und das dortige Familiengericht erklären sich für zuständig, die Vorgeschichte spielt keine Rolle mehr. Die beteiligten Stellen am bisherigen Wohnort des Kindes legen den Vorgang zu den Akten, sind nicht mehr ansprechbar.

Es wird außerdem oft in solchen Fällen vom Familiengericht festgestellt, dass ein wechselnder Aufenthalt wegen großer Entfernung nicht zumutbar ist und daher das Kind zwar rechtswidrig aber endgültig seinen Aufenthalt bei der wegziehenden Mutter hat, ohne jede Rücksicht auf die Umstände.

Wenn jedoch der Vater mit dem Kind in einen entfernten Ort zieht, wird alles unternommen, das Kind zurückzuführen, und die Stellen am bisherigen Wohnort behalten ihre Zuständigkeit.

Dem Vater wird Entzug des Kindes angelastet.

Die Grundsatzurteile über den Lebensmittelpunkt des Kindes in der alten Umgebung bis sechs Monate nach dem Wegzug werden nur zugunsten der Mutter angewendet.

Beispiel 34

Was dem Vater als streitig angelastet wird, wird bei der Mutter als kommunikationswillig bezeichnet.

Wenn die Mutter alternativlose Vorschläge macht, wird das als einigungswillig gewertet, ein Gegenvorschlag des Vaters wird als einigungsunwillig gewertet.

Wenn das Kind jubelnd und fröhlich zum Vater wechselt, dann wird das als Bindungstoleranz der Mutter gewertet, seine Abwehr gegen die Mutter zeige, dass der Vater es so beeinflusst hat, also nicht bindungstolerant ist.

Es wird dagegen nicht als Bindungsintoleranz der Mutter gewertet, wenn sie Kontakte unterbindet, Telefonate zwischen Vater und Kind untersagt, den Umgang mit den Großeltern und anderen Verwandten verweigert.

Gegenvorschläge des Vaters zu Forderungen der Mutter werden von den Psychologen bezeichnet als Kommunikations- und Kompromissunfähigkeit des Vaters.

Das ist schon sehr eigenartig. Kommunikation findet ja wohl nur statt, wenn man zu einem Vorschlag mehr als nur ja sagt. Und es ist keine Kompromissfähigkeit der Mutter, wenn sie nur ihren Vorschlag alternativlos einfordert.

Beispiel 35
Das Kind will vor dem Gerichtssaal nur an Papas Hand zum Gespräch mit der Richterin gehen, denn der Papa ist offensichtlich seine Vertrauensperson. Beim Warten hat es nur den Papa und den Opa beachtet, die Mutter, ihre Begleiter und ihre Eltern hat es nicht beachtet.

Interpretation des Verfahrensbeistands: da es diese Woche bei der Mutter war und die beiden lange nicht gesehen hat, sei das klar.

Wenn die Rollen vertauscht gewesen wären, wäre das Verhalten des Kindes sicher als Beweis genommen worden, dass sich das Kind eindeutig mehr zur Mutter hingezogen fühlt.

Beispiel 36
Die Mutter versucht alles, ihren neuen Lebensgefährten als Ersatz Papa in den Vordergrund zu rücken. Sie präsentiert nur ihn immer wieder im Kindergarten, sie will angeblich mit ihm zusammen ziehen, weitere Kinder mit ihm haben,

dem Kind damit eine neue Familie bieten. Gericht und Anwältinnen werten das positiv, sie wolle dem Kind Geborgenheit bieten. Auch deshalb sollte es eher bei ihr leben.

Im umgekehrten Fall wäre dem Vater vorgeworfen worden, dass er mehr an einer neuen Partnerin als an dem Kind interessiert sei.

Ihm wäre der Aufenthalt des Kindes bei ihm deswegen sicher abgesprochen worden.

Hier wird der Versuch der Mutter unterstützt, dem Kind einen Ersatz Papa aufzubauen, um es möglichst schnell vom Papa zu entwöhnen.

Richtig und vom Gericht zu bestärken wäre aber, dass die beiden Elternteile die Eltern des Kindes bleiben, es gemeinsam aufziehen, auch wenn sie sich getrennt haben.

Wenn aber beide in gleicher Weise geeignet und in der Lage sind, das Kind zu betreuen und zu erziehen, dann kann nur ein Wechselmodell die richtige Lösung sein, nicht eine Patchwork - Familie, die den anderen Elternteil ausgrenzt.

Beispiel 37

Das Gericht und die Anwältinnen folgen der Mutter in der Argumentation, dass das Kind Papa und Opa nur deshalb so lieb habe, weil es dort verwöhnt wird, es alles dürfe, es keine Regeln gäbe.

Dass die Mutter nur strafend streng ist, einschließlich Schlägen, ihre Regeln dem Kind nicht erklärt, sondern aufzwingt, dagegen Vater und Opa die sehr wohl vorhandenen Regeln erklären, auch in Frage stellen lassen vom Kind, grundsätzlich nicht schlagen, wird vom Gericht nicht vergleichend bewertet.

Für das Gericht ist vollkommen glaubwürdig, dass der Opa das Kind verwöhnt, die Mutter es aber konsequent erzieht.

Es ist die Klischee Sicht, dass Großeltern eben verwöhnen, es wird nicht betrachtet, dass hier der Großvater eine wichtige Bezugsperson neben Mutter und Vater ist, weil er das Kind bereits vor der Trennung etwa ein Drittel der Zeit betreut hat.

Beispiel 38

Wenn die Mutter nur neben dem Kind anwesend ist, aber keinen Bezug zum Kind aufbaut, keine Kontakte im Kindergarten knüpft, auf dem Spielplatz nur auf der Bank hockt und raucht, dann fördert sie nach Ansicht von Gericht und Anwältinnen die sozialen Kontakte des Kindes, das sich ja anderen zuwenden muss, weil sich die Mutter nicht interessiert.

Wenn der Vater mit dem Kind spielt, daheim, auf dem Spielplatz, beim Kindergarten, dann verhindert er soziale Kontakte, weil sich das Kind nicht von ihm löst.

Eine Ablehnung des Kindes durch die Mutter fördert also die sozialen Kontakte, die gute Beziehung zwischen Vater und Kind behindert dagegen seine sozialen Kontakte. Unglaublich, aber von den Beteiligten ernst gemeint.

Beispiel 39

Das Kind spielt beim Bringen oder Abholen im Kindergarten fröhlich mit dem Papa, rennt und versteckt sich.
Ist das nun ein Zeichen für Liebe und Vertrauen?
Der Verfahrensbeistand sieht es als Abstand suchen vom ungeliebten Vater an.
Der Verfahrensbeistand sieht es an als ein Nähe suchendes Kind, das gern zur Mutter will, wenn es an der Hand der Mutter geht.

Ist das nicht eher ein Zeichen für ein unterdrücktes, folgsames Kind?

Es wird nicht begründet, warum die jeweils anderen Schlussfolgerungen nicht gezogen werden. Bei vertauschten Rollen, wären sicher die zugunsten der Mutter herangezogen worden.

Beispiel 40

Die Kritik des väterlichen Anwalts am starken Rauchen der Mutter und ihres neuen Lebensgefährten in der Wohnung und im Auto wird vom Gericht nicht akzeptiert, der Anwalt abgekanzelt mit „Sie wollen ja hier wohl nicht versuchen, das Rauchen als Körperverletzung zu stilisieren".

Eigentlich ist es das aber seit dem Nichtraucherschutzgesetz schon, allerdings innerhalb der Familie eine persönliche Angelegenheit der Beteiligten.

Wenn allerdings ein Kind bei getrennten Eltern aufwächst, die das unterschiedlich sehen, dann sollte ja wohl schon das Nichtraucherschutzgesetz zur Anwendung kommen. Wenn also der Vater gegen das Rauchen in Gegenwart des Kindes ist, dann muss die Mutter das auch in ihrer Umgebung sicherstellen. Aber so aktuelle Sichtweisen sind bei den Richtern anscheinend noch nicht angekommen.

Wieder eine Entscheidung gegen den Vater. Umgekehrt wäre die Mutter sicher mit ihren Wünschen unterstützt worden.

Beispiel 41

Dass der Vater nach dem einvernehmlichen Urlaub mit dem Kind zunächst vor der Rückgabe an die Mutter einen Hautarzttermin wahrnehmen will, um wegen der Wangenpickel des Kindes Klarheit zu bekommen, wird ihm als Entzug des Kindes angelastet. Dabei bleibt völlig unberücksichtigt, dass er eine nachvollziehbare Begründung hat für einen begrenzt verlängertem Aufenthalt bei ihm.

Das wesentlich schwerwiegendere, unbegründete Verhalten der Mutter vor und nach der Trennung wird nicht beanstandet, wie die unrechtmäßige Mitnahme des Kindes beim Auszug, die Verweigerung des gemeinsamen Aufenthaltsbestimmungsrechts, die unrechtmäßige Ummeldung des Kindes, der Versuch den Urlaub des Kindes mit seinem Vater zu verhindern und die mangelnde Bindung zwischen Mutter und Kind bereits vor der Trennung.

Die Mutter hat den Aufenthalt (wann und wo) des Kindes rechtswidrig einseitig zu bestimmen versucht mit dem Argument „ich bin die Mutter, ich entscheide".

Der Vater hat seinerseits auf das gemeinsame Recht der Aufenthaltsbestimmung hingewiesen und es eingefordert.

Aus seiner Sicht war der nach dem Auszug zunächst hälftige Aufenthalt des Kindes bei ihm eben Aufenthalt mit voller Betreuung des Kindes, völlig ebenbürtig dem hälftigen Aufenthalt bei der Mutter in dieser Zeit und nicht nur ein von der Mutter gebilligter Umgangskontakt.

Das Verhalten beider Elternteile wird wieder einseitig zugunsten der Mutter und zuungunsten des Vaters beurteilt. Bei vertauschten Rollen wäre umgekehrt argumentiert worden.

Beispiel 42

Dem Vater wird vorgeworfen, dass er nach dem Auszug der Mutter mit dem Kind nicht sofort gerichtlich eine Rückführung des Kindes gefordert habe.

Der Vater war aber für ihn selbstverständlich davon ausgegangen, dass die Aufenthaltsbestimmung einvernehmlich erfolgt, die Betreuung wie vor der Trennung hälftig erfolgt. Deshalb hat er zunächst eine gerichtliche Regelung nicht als notwendig angesehen.

Aus Sicht des Vaters war die Aufenthaltsbestimmung nicht strittig und deshalb bestand für ihn kein Handlungsbedarf.

Immerhin hatte er unmittelbar nach dem Auszug von Mutter und Kind Kontakt mit der Polizei, dem Jugendamt und dem Kinderschutzbund aufgenommen und anwaltliche Beratung und Unterstützung in Anspruch genommen, um die Lage zu klären. Er hat aber keine Unterstützung zum Wohl des Kindes und gegen das rechtswidrige Verhalten der Mutter bekommen. Das Jugendamt erkannte keine für das Amt relevanten Probleme, hat einerseits bilaterale Gespräche mit der Mutter geführt, aber andererseits bilaterale Gespräche mit dem Vater abgelehnt („kein Handlungsbedarf").

Nach der einseitigen Ummeldung des Kindes durch die Mutter erklärte sich das Jugendamt am bisherigen gemeinsamen Wohnort, rechtlich dem Lebensmittelpunkt des Kindes, für unzuständig, ebenso das dortige Familiengericht. Mit einem derart rechtswidrigen Verhalten der Ämter hatte der Vater nicht rechnen können und müssen.

Wäre allerdings, wie im Nachhinein von allen empfohlen, der Vater gleich vor Gericht gegangen, dann wäre ihm vorgeworfen worden, keine einvernehmliche Einigung versucht zu haben und sich somit streitig gegen das Wohl des Kindes und gegen die Mutter zu verhalten.

Für die Mutter wird bei gleichem Sachverhalt angenommen, sie habe die gerichtliche Klärung aus Liebe zu und Sorge um das Kind gesucht. Ihre abweisende Haltung gegenüber dem Vater wird als lobenswerter aber wohl vergeblicher Versuch gewertet, Einvernehmen mit dem Vater herzustellen, der dazu nicht bereit gewesen sei.

Was immer die Mutter tut wird also zum Wohle des Kindes gesehen, alles was der Vater tut, geschieht streitig aus reinem Egoismus, obwohl es im vorliegenden Fall sichtbar und deutlich genau anders herum ist.

Beispiel 43
Der Vater sah keine Veranlassung, einen Urlaubsanspruch mit dem Kind gerichtlich durchzusetzen.
Der Vater hat die gemeinsame Aufenthaltsbestimmung als selbstverständlich angenommen und nicht in Frage gestellt. Daher gab es für ihn also gar keine Notwendigkeit einen Antrag auf Urlaubsumgang zu stellen, er musste nur eine einvernehmliche Absprache mit der Mutter treffen, da beide gemeinsames Aufenthaltsbestimmungsrecht hatten.
Die Unzuverlässigkeit der Mutter bei Absprachen und ihr einseitiger aber unbegründeter Anspruch auf alleinige Aufenthaltsbestimmung veranlassten dann den Vater schließlich doch, entsprechende Schritte zur Klärung einzuleiten.
Dieses Verhalten wurde dem Vater als streitig vorgeworfen, das einseitige rechtwidrige Verhalten der Mutter wurde nicht diskutiert.

Beispiel 44
Der Vater hat ein Jahr Elternzeit genommen und fast ausschließlich das Kind betreut und versorgt. Die Mutter hatte nur zwei Monate Elternzeit und im ersten Lebensjahr des Kindes überwiegend gearbeitet. Falls eine Betreuung durch die Mutter wegen Terminen des Vaters notwendig war, hat die Mutter häufig das Kind den Großeltern väterlicherseits zur Betreuung übergeben, auch wenn sie keinen Arbeitsauftrag hatte. Diese Betreuung durch die Großeltern nahm im zweiten Lebensjahr zu, als auch der Vater wieder gearbeitet hat, der sich immer vorrangig um das Kind gekümmert hat. Die Mutter hat das Kind von Anfang an eher abgelehnt und nur als Belastung empfunden, daran

hat sich seit der Geburt nichts geändert und die geringe Bindung zwischen Mutter und Kind ist unverändert auch augenfällig für jeden Außenstehenden zu beobachten.

Die Klischee mäßige Behauptung eines besonderen Kind-Mutter-Bezugs durch Stillen ist hier völlig unangebracht, weil mangels Stillen nicht gegeben.

Aber eine besondere Nähe und Beziehung zwischen Vater und Kind durch die stets intensive Betreuung insbesondere im Elternzeitjahr ist objektiv nachweisbar und nach wie vor zu beobachten. Wenn überhaupt eine intensive Bindung durch Ernährung und Versorgung begründet werden kann, dann hat sie sich in erster Linie durch die Intensität der Betreuung zu Vater und Großvater ausgebildet.

Hätte die Mutter standardmäßig Elternzeit genommen, das Kind überwiegend betreut, wäre niemand auf die Idee gekommen, das zu bestreiten und behauptet, das hätte alles der Vater gemacht.

Egal was Vater und Mutter machen oder nicht machen, es wird immer zugunsten der Mutter und gegen den Vater bewertet.

Positives beim Vater ist angeblich noch ausgeprägter bei der Mutter vorhanden, zur Not von Natur aus.

Negatives bei der Mutter ist eher stärker beim Vater zu vermuten, denn das sei der Normalfall.

Die Einzelfallbetrachtung ist zu mühsam. Annahmen zu machen, die in den meisten Fällen stimmen, ist viel einfacher.

Das Wohl des Kindes bleibt auf der Strecke.

Beispiel 45

Das Kind empfindet den Aufenthalt beim Vater und den Großeltern als den normalen Zustand, fühlt sich da uneingeschränkt wohl. Das Kind hat bisher keinen neuen Lebensmittelpunkt gewonnen, sein Lebensmittelpunkt ist offensichtlich nach wie vor dort. Der Aufenthalt bei der Mutter stellt für ihn jeweils ein Verlassen seines Lebensmittelpunktes dar, eine jeweilige Veränderung, die es nicht wünscht oder braucht.

Trotzdem wird nur argumentiert, dass es doch toll sei, wenn es bei der Mutter einen neuen Lebensmittelpunkt aufbaut, aufbauen kann. Das Warum wird nicht weiter begründet, weil doch klar sei, dass der Lebensmittelpunkt eines Kindes immer bei der Mutter ist.

Deshalb muss das Kind dort einen neuen Lebensmittelpunkt aufbauen, seine gewohnte Umgebung verlassen, die „Besuche" bei der Mutter zum Daueraufenthalt ausdehnen, ob es will oder nicht.

Beispiel 46

Psychische und körperliche Belastung bei der Mutter und auf der anderen Seite die gesunde und fördernde Entwicklung des Kindes beim Vater zählen nicht, wenn die bessere Umgebung vom Vater geboten wird.

Umgekehrt bei der Mutter wird das sehr wohl positiv gewertet.

Es gilt immer auch die Grundannahme, dass es im Prinzip besser ist für das Kind, bei der Mutter zu sein. Für den Vater gibt es ein solches Grundvertrauen nicht, da braucht es schwerwiegende Gründe.

Dem Vater bringt sein gutes Angebot nichts, der Mutter schadet ihr schlechtes Angebot nicht.

Der Umgang und die sozialen Kontakte des Kindes spielen im Vergleich von Vater und Mutter ebenso keine Rolle vor Gericht. Die Gefahr, einen Außenseiter und Gewalttäter heranzuziehen, wird billigend in Kauf genommen, wenn das Kind bei der Mutter ist. Umgekehrt wird das beim Vater als schwerwiegender Grund eingestuft, ihm das Kind nicht anzuvertrauen.

Beispiel 47

Der Verfahrensbeistand hält es für sinnvoll und ausreichend, das Kind im Beisein der Mutter zu befragen, lehnt das aber im Beisein des Vaters ab. Vor der Befragung des Kindes im Beisein der Mutter war es vorher mehrere Tage bei der Mutter.

Es wäre schon naheliegend, die möglichen unterschiedlichen Einflüsse von Vater und Mutter auf das Kind zu entdecken.

Wenn dann noch begründend geäußert wird, eine Befragung des Kindes in dem Alter sei nicht möglich, sollten trotzdem oder gerade doch wohl beide Seiten in gleicher Weise angehört werden, um zu vergleichbaren Ergebnissen zu kommen.

Dem Vater werden nur unterstellende Fragen gestellt ohne Anwesenheit des Kindes, die Antworten abgewürgt.

So sieht Gleichbehandlung und das Bemühen um das Wohl des Kindes aus.

Wenn man das Befragen des Kindes ganz lassen würde, wäre es ja in Ordnung. Dem ist aber nicht so.

Aussagen eines Kleinkindes werden sehr wohl gegen den Vater und zugunsten der Mutter verwendet, aber niemals umgekehrt.

Beispiel 48

Es ist erschreckend, dass Psychologen und Richter nicht einmal dann die Umstände der Trennung berücksichtigen, wenn der Streit um die Erziehung des Kindes der Grund für die Trennung der Eltern ist. Gerade dann müsste doch darüber befunden werden, wo das Kind die bessere Umgebung vorfindet. Es ist doch verheerend, wenn die erziehungsunfähige Mutter mit dem Kind auszieht, das Kind vom Vater mit seinen guten, mildernden Einflüssen trennt und so die unzumutbare Situation für das Kind festschreibt, und der Vater keine Chance hat, sein Kind von der Mutter zu trennen.

Der Mutter wird die Möglichkeit zugestanden, sich mit dem Kind vom Vater zu trennen.

Diese Möglichkeit wird für den Vater eingeschränkt auf die Fälle von Gefahr von Missbrauch, Gefahr für Leben und Vermögen des Kindes.

Es wird dem Vater immer Schlechtes (keine Rücksicht auf das Kind), der Mutter immer Gutes (Rücksicht auf das Kind) unterstellt.

Beispiel 49

In einem Kreisschluss der Behörden wird argumentiert, das Kindergeld gehe immer dorthin, wo das Kind gemeldet ist und das Kind hat dort seinen Wohnsitz wohin das Kindergeld ausgezahlt wird.

Wenn also zufällig das Konto der Mutter bei der Familienkasse eingetragen war, ist ihr Wohnsitz der Wohnsitz des Kindes? Solche Zufälle sollen ohne Rücksicht auf den sachlichen Zusammenhang über die Zukunft des Kindes entscheiden?

Wäre das Konto des Vaters bei der Familienkasse eingetragen gewesen, hätte es die Mutter sicher ohne Zustimmung des Vaters problemlos auf sich umtragen lassen können und alle Beteiligten einschließlich dem Gericht hätten als selbstverständlich angenommen, dass das richtig ist, weil doch das Kind bei der Mutter lebt (wenn auch rechtswidrig).

Beispiel 50

Das hohe Bildungsniveau und damit die Förderung des Kindes beim Vater, die Bildungsferne, die Gefahr der Verarmung und damit der Kinderarmut, die vorhandenen

Kontakte zu Drogenkonsumenten auf Seiten der Mutter werden nicht gewertet.

Das seien keine Kriterien, das Kind beim Vater leben zu lassen.

Wenn aber die Mutter hohes Bildungsniveau oder die Umgebung beim Vater Armut und Drogennähe möglich erscheinen ließe, dann wären das entscheidende Argumente gewesen, das Kind auf jeden Fall bei der Mutter leben zu lassen.

Beispiel 51

Es gibt von Seiten des Gerichts oder des Jugendamtes keine Unterstützung gegen die Weigerung der Mutter auf Einigung. Es scheint sogar so, dass ihre Weigerung eher das Zusprechen des Kindes zu ihr verstärkt, denn dann ist ja keine Einigung mit dem Vater notwendig. Eine sehr abstruse „Logik", aber die Logik des Gerichts.

Würde der Vater seinerseits jeden Einigungsversuch verweigern, wäre das sicher sofort ein hinreichender Grund, das Kind der Mutter zuzusprechen. Der Vater hat in keinem Fall eine Chance.

Beispiel 52

Die Mutter hat Prozesskostenhilfe beantragt mit der Begründung, dass es ihr aus wirtschaftlichen und „persönlichen" Gründen nicht möglich ist, mehr als 1000 € im Monat zu verdienen.

„Wirtschaftlich" bezieht sich wohl auf den für sie erreichbaren Stundenlohn. Das könnte der Vater auch angeben, es wird ihm aber unterstellt, dass er ein höhere Einkommen hat. Warum?

„Persönlich" bezieht sich wohl darauf, dass sie ja das Kind betreuen muss und daher nur Teilzeit arbeiten kann. Das Problem wäre leicht zu lösen, wenn sie das Kind beim Vater Aufenthalt nehmen ließe, der sieht in seiner Umgebung mit den Großeltern dieses Problem nämlich nicht, könnte also auch mit Kind voll arbeiten.

Niemand außer dem Vater zieht diese Lösung aber in Betracht.

In Fällen, in denen Väter mit geringem Einkommen argumentieren, nicht vollen Unterhalt zahlen zu können, wird die gerichtliche Forderung gestellt, die Beschäftigung zu wechseln, die Selbständigkeit aufzugeben und ein besser bezahltes Angestelltenverhältnis anzunehmen. Warum erwartet und verlangt das niemand von einer Mutter. Wo bleibt die gesetzlich vorgeschriebene Gleichbehandlung von Müttern und Vätern?

Beispiel 53
Die Mutter behauptet, am Wohnort des Vaters sei kein Kindergartenplatz zugesagt oder der Vater habe wegen Drogenkonsum seinen Führerschein verloren.

Der Vater kann beides widerlegen mit einer Bestätigung des Kindergartens und mit dem Führerschein. Die Richterin will dieses Belege gar nicht sehen, wirft dem Vater vor, er würde mit seinem Widerspruch zu den Aussagen der Mutter nur streiten, das müsse er sich abgewöhnen.

Einen solchen Vorwurf müsste sich die Mutter niemals anhören, ihr wäre umgekehrt sofort geglaubt worden.

Männer lügen eben grundsätzlich, die Frauen sind die Guten und Ehrlichen.

Beispiel 54
Die Mutter sagt, sie hätte ein festes Arbeitsverhältnis werktags, deshalb müsse das Kind bei ihr in den Kindergarten, dafür müsse das Wechselmodell aufgegeben wer-

den, das Kind vollen Aufenthalt bei ihr und hin und wieder Umgang mit dem Vater am Wochenende haben.

Der Vater stellt dagegen, er habe als Selbstständiger mit seiner Firma überwiegend Aufträge am Wochenende, die finanziell sehr wichtig für ihn seien, daher seien Wochenendumgänge für ihn sehr nachteilig.

Für ihn sei eine Änderung des Wechselmodells dahingehend vorstellbar, dass das Kind am verlängerten Wochenende bei der Mutter und werktags bei ihm sei mit Kindergartenbesuch an seinem Wohnort, was von einem Gutachten auch als beste Lösung dem Gericht empfohlen wird.

Daraufhin ändert die Mutter ihren Anspruch. Sie würde als Selbstständige(!) zusätzlich oft auch am Samstag arbeiten. Dann könne sie keine Betreuung des Kindes sicherstellen. Zusätzlich arbeite sie auch werktags und könne dann eine Betreuung des Kindes nur durch den Kindergarten und eine Tagesmutter sicherstellen.

Die Mutter hat nach eigener Aussage also eigentlich nie Zeit für das Kind, während der Vater sich seine Zeit als Selbstständiger weitgehend einteilen könnte, also nicht auf einen Kindergartenplatz angewiesen wäre, sehr wohl aus finanziellen Gründen aber mehr als die Mutter auf die Arbeit am Wochenende.

Die Aufgaben einer Tagesmutter könnten in seiner Umgebung viel besser die Großeltern, geliebte Bezugspersonen des Kindes wahrnehmen.

Der Verfahrensbeistand verstärkt die Sicht der Mutter damit, dass das Arbeitsmodell der Mutter klar und nachvollziehbar sei, das des Vaters aber wirr und undurchschaubar.

Das Gericht folgt Mutter und Verfahrensbeistand, verwirft das von der Gutachterin dringend empfohlene Wechselmodell ganz und entscheidet endgültigen Aufenthalt bei der Mutter.

Das Gericht beendet das Wechselmodell zugunsten des Aufenthalts bei der Mutter mit Umgang für den Vater an jedem zweiten Wochenende, was sein Arbeitsmodell und seine Einkommensmöglichkeiten gravierend beeinträchtig und insbesondere dem Kind massiv den Vater entzieht.

Das Gericht findet es also unzumutbar, dass das Kind am Wochenende zur Mutter kommt, da sie dann auf 100,- Einkommen verzichten müsste, findet es aber zumutbar, dass der Vater auf seine Aufträge am Wochenende verzichtet (ein halbes Monatseinkommen), und das kein Grund sei, dass Kind werktags bei ihm leben zu lassen.

Im umgekehrten Fall wäre das Kind sicher erst recht zur Mutter gekommen, also so oder so nicht zum Vater.

Kann jemand die Argumentation für die Mutter und gegen den Vater und die Entscheidung des Gerichts wirklich verstehen?

Diese Argumentation lässt sich doch nur nachvollziehen als „das Kind soll zur Mutter, das biegen wir schon hin".

Beispiel 55

Wenn der Jugendamtsmitarbeiter argumentiert, ein Wechsel des Aufenthalts von der Mutter zum Vater würde ja einen Landkreiswechsel bedeuten und damit die Kontinuität der Betreuung des Kindes durch sein Jugendamt zerstören, ist das der reine Hohn.

Ist das schlimmer als der damalige Wegzug der Mutter mit dem Kind, das dadurch aus seinem Lebensmittelpunkt, seiner gewohnten Umgebung mit der großen Familie und den geliebten Bezugspersonen gerissen wurde? Weder Jugendämter noch DKSB sahen darin einen Schaden für das Kind.

Außerdem hätte sich ja das Kind nun 4 Monate an die Mutter gewöhnt (mit dreieinhalb Jahren). Man konnte es also mit drei Lebensjahren dem Vater entziehen, aber nach kurzer Gewöhnung mit dreieinhalb Lebensjahren nicht der Mutter.

Jedem ist sicher vollkommen klar, dass auch genau umgekehrt argumentiert werden könnte, was man bei vertauschten Rollen sicher auch getan hätte.

Beispiel 56

Warum will sich das Kind nach 11 Tagen Aufenthalt bei der Mutter dann beim Abholen unbedingt nur vom Vater anziehen lassen?

Während des Aufenthalts bei der Mutter kann es ja wohl keine Beeinflussung des Kindes durch den Vater gegeben haben, wie es beim Bringen des Kindes immer unterstellt wird.

Jetzt ist stattdessen die Interpretation, das Kind freue sich einfach nur auf den Vater, weil es ihn lange nicht gesehen habe, das habe nichts mit der Mutter zu tun.

Wären die Rollen vertauscht, dann würde interpretiert, das Kind ist froh wegzukommen und möchte von der ersten Sekunde vom geliebten Elternteil betreut werden.

Also Abwiegeln oder Hochspielen immer zugunsten der Mutter.

Beispiel 57

Die Anwältin der Mutter fordert immer wieder Einkommensnachweise des Vaters an und fordert trotz hälftigem Wechselmodell Unterhaltszahlungen für das Kind vom Vater an die Mutter. Natürlich ist diese Standardforderung im Wechselmodell Unsinn und in diesem speziellen Fall zusätzlich. Aber weder Anwältin noch das Gericht nehmen zur Kenntnis, dass Vater und Mutter hälftig in der gemeinsamen Firma Erwerbseinkommen erarbeitet haben und das Kind bereits auch schon vor der Trennung fast hälftig (der Vater sogar deutlich mehr!) betreut haben.

Hinzu kommt, dass die Mutter im Zeitraum der Nachweisforderung die Geschäftsführerin der Firma war, also sie die Unterlagen besser kennen muss und Kenntnis darüber hat, was sie an Gewinn an beide hälftig ausgeschüttet hat.

Auch viele Monate über die Trennung hinaus war sie Geschäftsführerin, alle entsprechenden Auskünfte kann also nur sie erteilen.

Zusätzlich hat sie bei der Trennung das Firmenkonto geplündert mit der Begründung, das sei ihr angemessenes Gehalt für die Geschäftsführung gewesen.

Wäre der Vater der Geschäftsführer gewesen, hätte man selbstverständlich gerade deshalb die Auskünfte von ihm verlangt.

Da hätte man auch unterstellt, dass er ein Geschäftsführergehalt erhält, also mehr Einkommen aus der Firma zieht als die Mutter.

Beispiel 58

Obwohl die Mutter immer noch hälftig Gesellschafter der gemeinsamen Firma ist und bis über die Trennung hinaus Geschäftsführerin war und sich dafür auch ein Gehalt ausgezahlt hat, bekommt sie Verfahrenskostenhilfe zugesagt, der Vater trotz gleicher Beteiligung aber nicht. Ihm wird unterstellt, dass er ein höheres Einkommen hat, sonst hätte er ja die Firma aufgegeben.

Die Mutter hat zwar die Arbeit in der gemeinsamen Firma aufgegeben, weigert sich aber, als Gesellschafter auszusteigen, hat also den gleichen Anteil an einer Gewinnausschüttung, die vom Vater erwirtschaftet wird und arbeitet aber selbst ausschließlich zu eigenem Nutzen auf ihren Gewerbeschein. Das bedeutet eindeutig, dass die Mutter ein höheres Einkommen hat.

Das ist doch offensichtlich eine Ungleichbehandlung zungunsten des Vaters.

Beispiel 59
Jugendamt-Psychologe und Gutachten empfehlen dringend eine Gewalttherapie für die Mutter, denn sie hat in ihrer Kindheit Gewalt erfahren und gibt das weiter an ihr Kind.
Wäre das dem Vater empfohlen worden, wäre das Kind sicher der Mutter zugesprochen worden.
Gegen die Mutter wird aber nicht so entschieden, obwohl der Vater und seine Familie seit Generationen gewaltfrei erziehen.
Für einen Vater ist Gewaltbereitschaft verbunden mit Aufenthaltsentzug, für die Mutter nicht.
Gewaltfreiheit des Vaters spricht aber nicht für ihn.

Beispiel 60
Der Bruder der Mutter hält sich immer wieder wochenweise oder länger mit seinen beiden Kampfhunden bei der Mutter auf. Vor der Trennung der Eltern gab es auch schon gefährliche Situationen zwischen den Hunden und dem Kind.
Das Gericht folgt der Behauptung der Verfahrensbeiständin, dass die Hunde ja nicht immer bei der Mutter (die auch noch zwei Katzen in der Wohnung hält) leben und dass das Frettchen des Vaters viel eher das Kind beißen und kratzen und gefährliche Krankheiten übertragen könnte. Der Tierarzt ist amüsiert und schreibt dem Vater ein Attest, dass von Frettchen, ganz besonders in diesem konkreten Fall, keine Gefahr für das Kind ausgeht, auf jeden Fall deutlich weniger als von den zwei Katzen.
Trotzdem folgt das Gericht der Verfahrensbeiständin und erklärt den Aufenthalt des Kindes bei dem Vater für gefährlicher als bei der Mutter.

Beispiel 61

Ist die Mutter sehr jung, wird das nicht bewertet, wertet das die Erfahrung und Erziehungsfähigkeit des Vaters nicht auf. Ein „alter" Vater wird sogar eher als psychische Belastung für das Kind betrachtet.

Ist dagegen der Vater jünger als die Mutter, so ist das ein zusätzliches Kriterium, das Kinde statt zum „unreifen" Vater zur Mutter zu geben.

Auch hier in jedem Fall eine Diskriminierung des Vaters.

Wenn eine Eigenschaft zwischen Mutter und Vater unterschiedlich ist, dann wird das immer zuungunsten des Vaters bewertet, der Unterschied positiv für die Mutter ausgelegt.

Ist eine Eigenschaft identisch, also kein Kriterium für den Vater, dann ist es ein Pluspunkt für die Mutter, weil es nicht gegen sie spricht.

Abschließend bleibt festzustellen, dass in dieser Buchreihe nur ein Sonderfall betrachtet wurde. Aber wenn selbst in einem so ausgeprägt klaren Fall die Anwendung der Gesetze durch die beteiligten Stellen nicht funktioniert, dann ist leicht vorstellbar, dass es in weniger klar gelagerten Fällen noch viel schwieriger sein wird.

Ich möchte alle an Trennungsfällen Beteiligte aufrufen, immer genau hinzusehen, nicht irgendetwas pauschal anzunehmen, nur weil es in den häufigsten Fällen so sein könnte, sondern wirklich im Einzelfall ganz deutlich auf das Wohl des Kindes zu achten und das auch nicht nur bei Lebens- oder Vermögensgefahr.

Eine Veränderung der gesellschaftlichen und besonders der behördlichen Einstellung hilft allen, nicht nur alleinerziehenden Vätern, sondern letztlich auch alleinerziehenden Müttern und besonders auch getrennt aber gemeinsam Erziehenden.

Am allermeisten trägt aber eine veränderte Einstellung zur Verbesserung des Kindeswohls bei. Das muss immer der Kernpunkt aller Bemühungen bei Trennungen von Eltern sein.

Dazu ist notwendig, die Gleichberechtigung, die Antidiskriminierung, die Regelungen des BGB auf die Trennung mit den nachfolgenden Situationen von Vater, Mutter und Kind zum Wohle des Kindes zuzulassen und anzuwenden.

So einfach könnte es sein, wenn da nicht das Beharrungsvermögen gesellschaftlicher Vorurteile wäre, das auch bei den zuständigen und beteiligten Ämtern, Einrichtungen, Gerichten und Personen nicht durch die aktuelle Rechtslage ersetzt wird.

Bisher erschienen

Band 1 - Trennung und Kindesentzug
Band 2 – Im Wechselmodell
Band 3 – Keine Chance für den Vater
Band 4 – Das Wohl des Kindes
Band 5 – Vertauschte Rollen
Band 6 – Beliebigkeit der Auslegung

Bände 1-6 sind auch in einem Buch gesammelt erschienen:
„Neiiiin nicht zu Mama
– Kinder haben keine Rechte und Väter keine Chance".

In Vorbereitung
Band 7 – Das Gutachten, eine Farce
Band 8 – Moritz leidet weiter
Band 9 – Es wird nicht besser für Mia
Band 10 – Das OLG lässt sich Zeit
Band 11 – Überraschende Wendung
Band 12 – Entfremdung und Entfernung

Der Autor ist Naturwissenschaftler, in Hamburg geboren und aufgewachsen, und lebt in Süddeutschland.
Er hat mehrere Kinder und Enkelkinder und hat den Sorgerechtsstreit in der Familie eines guten Bekannten zum Anlass für diese Buchreihe genommen.

Links und Kontakt zum Autor:
www.neiiiin.de
www.greatgreen.de

email: martin.orack@greatgreen.de
facebook: martin.orack